INVENTAIRE
V 42369

COLLECTION
DE FEU
M. JACQUINOT-GODARD
CONSEILLER HONORAIRE A LA COUR DE CASSATION

PREMIÈRE VENTE

OBJETS D'ART
ET DE CURIOSITÉ

Mᵉ CHARLES PILLET & Mᵉ EUGÈNE ESCRIBE
Commissaires-Priseurs

M. MANNHEIM
Expert

CATALOGUE

D'OBJETS D'ART

ET DE CURIOSITÉ

Émaux Byzantins et de Limoges; Faïences italiennes et Françaises;
Ivoires sculptés; Manuscrits; Vitraux et Objets divers
des XVe, XVIe siècles et autres

FAISANT PARTIE DE LA COLLECTION

De feu M. JACQUINOT-GODARD

Conseiller honoraire à la Cour de Cassation

DONT LA VENTE AURA LIEU

HOTEL DES VENTES MOBILIÈRES

RUE DROUOT, N° 5

SALLE N° 5, AU 1er

Les Lundi 17, Mardi 18, Mercredi 19, Jeudi 20 & Vendredi 21 Janvier 1859

A UNE HEURE

Par le ministère de Me **CHARLES PILLET**, Commissaire-Priseur
Successeur de M. BONNEFONS DE LAVIALLE
rue de Choiseul, 11
Et de Me **EUGÈNE ESCRIBE**, Commissaire-Priseur,
Successeur de MM. POUCHET et RIDEL,
rue Saint-Honoré, 217;
Assistés de M. **MANNHEIM**, Expert, marchand de Curiosités,
rue de la Paix, 10.

EXPOSITION PARTICULIÈRE
Le Samedi 15 Janvier 1859, de une heure à cinq heures.

EXPOSITION PUBLIQUE
Le Dimanche 16 Janvier 1859, de une heure à cinq heures.

1859

CONDITIONS DE LA VENTE

Elle sera faite au comptant.

Les acquéreurs paieront, en sus des adjudications, CINQ POUR CENT applicables aux frais.

L'exposition publique mettant les acquéreurs à même d'examiner les objets avant la Vente, aucun d'eux ne sera repris, sous quelque prétexte que ce soit, une fois adjudication prononcée.

AVIS.

La deuxième Vente, se composant de : Bijoux, Pierres gravées, Bagues antiques et du XVIe siècle, Argenterie, Tabatières et Miniatures, aura lieu : les 31 janvier, 1er, 2, 3 et 4 février 1859.

La troisième Vente, se composant de : Belles Tabatières, Miniatures, Matières précieuses et Emaux peints des XVIIe et XVIIIe siècles, aura lieu : les 21, 22, 23 et 24 février 1859.

La quatrième Vente, se composant de : Ivoires, Bois, Ambre et Coraux sculptés ; Tabatières en porcelaine et autres, Miniatures à l'huile et Dessins, aura lieu : les 14, 15, 16 et 17 mars 1859.

La cinquième Vente, se composant de : Chinoiseries, Laques, Armes orientales et autres, Porcelaines de Sèvres, de Saxe, de Chine et du Japon, Bronzes d'art et d'ameublement, Marbres sculptés et matières dures, Meubles divers, Tableaux, Pastels, Dessins et Aquarelles, aura lieu : les 28, 29, 30 et 31 mars 1859.

Les Catalogues de ces Ventes paraîtront ultérieurement.

Le Catalogue se distribue :

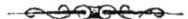

A PARIS :   Chez Me CHARLES PILLET, 11, rue de Choiseul ;
              Me EUGÈNE ESCRIBE, 217, rue Saint-Honoré ;
              M. MANNHEIM, 10, rue de la Paix ;
A LONDRES :   M. DURLACHER, New-Bond street, 113.

PREMIÈRE VACATION

Le Lundi 17 Janvier 1859.

DÉSIGNATION

DES OBJETS

Émaux de Limoges.

1 — Grand et beau triptyque en émail de Limoges colorié contenant, sur le tableau du milieu, la Crucifixion, et, dans un cartouche, l'inscription suivante : *Frater franciscus Gonzaga, generalis minister franciscanorum 1584;* sur chacun des deux volets six personnages, sujets saints, et leurs noms respectifs.

Cette pièce, attribuée à Jean Courtois, est dans son encadrement du temps, orné de peintures et au monogramme de la famille de Gonzague, alliée à la famille impériale d'Allemagne.

2 — Grand cadre octogone contenant au centre un médaillon ovale en émail de Limoges, grisaille teintée, Amour et Psyché, et dans les interstices formant bordure, six Sibylles, dont quatre peintes en grisaille et deux coloriées.

3 — Un grand tableau émail de Limoges colorié, sujet équestre, composé de plusieurs personnages, pouvant être attribué à Léonard le Limousin.

4 — Magnifique plaque en émail de Limoges colorié; Le Christ vu à mi-corps, la couronne et le cadre ornés d'émaux en relief imitant les pierres fines, le tout finement rehaussé d'or. Travail du xve siècle, pouvant être attribué à N. Pénicaud.

5 — Tableau émail de Limoges colorié et rehaussé d'or, forme carrée, la Crucifixion, très-riche de composition et orné du portrait de la donatrice et des paroles du bon larron; attribué à Jean Courtois.

6 — Aiguière émail de Limoges colorié, à sujet mythologique sur la panse, et portant deux L L comme monogramme.

7 — Tableau ovale émail de Limoges colorié, attribué à Pierre Raymond, Martyre d'un saint personnage qu'on lapide.

8 — Petit tableau carré-long émail de Limoges d'une grande finesse, colorié et sur paillons, Deucalion et Pyrrha; au monogramme F. L. 1633. (François Limousin.)

9 — Tableau émail de Limoges, forme carrée, époque primitive, de la plus grande finesse et colorié. Derniers moments d'une sainte, entourée de quantité de personnages; les colonnes qui forment encadrement sont ornées de fleurs-de-lis.

10 — Deux médaillons ronds émail de Limoges, grisaille teintée d'une grande finesse, par Pénicaud, sujets saints.

11 — Tableau émail de Limoges, forme carrée, attribué à Pierre Raymond, l'Annonciation, orné du portrait de la donatrice.

12 — Tableau forme carrée émail de Limoges colorié, à Crucifixion.

13 — Coupe ronde et sur piédouche, émail de Limoges, sujet tiré de l'Histoire romaine, peinture en grisaille.

14 — Plateau rond émail de Limoges, grisaille teintée sur fond bleu, représentant la Tonte des moutons (mois de juin); bord à arabesques, cariatides, etc. par Pierre Raymond, d'après des dessins d'Etienne de Laulne; provenant de la collection Debruge.

15 — Assiette, grisaille teintée sur fond bleu, Moïse sauvé des eaux, peinture dans la manière de Pénicaud III.

16 — Assiette émail de Limoges, grisaille teintée représentant le mois de mai, Chevalier et sa Dame chevauchant accompagnés d'un page, bord à dragons, mascarons chimériques et à blason; cette belle pièce est de Jehan de Court.

17 — Autre de même style, la Fauchaison, mois de juillet; bord à cariatides, mascarons, vases, et à blason; du même auteur.

18 — Assiette grisaille teintée représentant la Tonte des moutons en avril; bord à cartouches et animaux chimériques, par Pierre Raymond, 1561.

19 — Petite assiette émail colorié, au centre un buste d'Empereur romain. Travail moderne.

20 — Petite coupe à anse, grisaille teintée de bleu clair; au centre, Diane et Endymion, à entourage mascarons et têtes de béliers, par Jean Laudin.

21 — Autre coupe émail de Limoges colorié; au centre, l'Adoration des Rois mages, et comme bordure les saints Evangélistes, par N. Laudin.

22 — Deux salières forme hexagone émail de Limoges, grisaille teintée, représentant les travaux d'Hercule.

23 — Coupe à anse émail de Limoges, peinture en grisaille, contenant, au centre et dans six médaillons, des sujets allégoriques sous des figures de femmes; bel échantillon de Jean Laudin.

24 — Coupe à anse émail de Limoges colorié, au centre la sainte Vierge et l'Enfant Jésus, et fleurs dans des gaudrons.

25 — Une tasse et sa soucoupe émail de Limoges colorié, à médaillons et blason, par Laudin.

26 — Coupe à deux anses émail de Limoges colorié, à fleurs et médaillons en grisaille, par Laudin.

27 — Bénitier forme hexagone en cuivre doré, contenant douze médaillons émail de Limoges colorié, sujets saints. Époque primitive.

28 — Petite coupe et son couvercle en émail, grisaille teintée, sujet mythologique et ornements à rinceaux d'une jolie composition. Imitation de l'ancien.

29 — Coffret en bois noir garni de bronze doré et orné de six plaques en émail, grisaille légèrement teintée, représentant les quatre Saisons. Imitation de l'ancien.

30 — Paix, forme cintrée, en émail primitif de Limoges colorié, Saint Georges terrassant le dragon.

31 — Paix, forme cintrée en bronze doré, contenant une peinture grisaille sur émail, représentant la Cène. Belle peinture dans le style ancien.

32 — Paix, forme cintrée, émail de Limoges colorié, Saint personnage agenouillé devant le Christ.

33 — Paix, forme cintrée, la Crucifixion, très-belle peinture coloriée, riche de composition, par Jehan Pénicaud.

34 — Paix, émail de Limoges colorié, l'Ascension.

35 — Paix, forme cintrée, émail de Limoges colorié, Saint Claude dans une chaire; portant deux monogrammes inconnus.

36 — Deux plaques carrées, émail de Limoges, représentant le Baiser de Judas au Jardin des Oliviers et le Portement de la croix. Travail d'une très-grande finesse et riche de composition

37 — Médaillon ovale émail de Limoges colorié, représentant la Chasse au sanglier. Au monogramme I. D. C. (Jean de Court).

38 — Autre médaillon ovale émail de Limoges colorié, Diane et Endymion. Même monogramme que le précédent.

39 — Tableau ovale émail de Limoges colorié, représentant un personnage à cheval.

40 — Tableau carré, contenant au centre une figure équestre, le roi Esdras et quatre écoinsons, sujets mythologiques et saints. Le tout en émail de Limoges colorié.

41 — Grand tableau carré émail de Limoges colorié et rehaussé d'or, le Lavement des pieds, attribué à Pierre Raymond et daté 1552.

42 — Grand tableau carré émail de Limoges colorié, représentant saint Pierre dans un monument de style ogival; au monogramme P.

43 — Cadre en bois doré contenant vingt-quatre peintures coloriées, émail de Limoges, sujets saints.

44 — Quatre tableaux forme carrée émail de Limoges colorié, sujets saints, signés N. B. 1543.

45 — Quatre tableaux émail de Limoges colorié, sujets saints.

46 — Tableau forme carrée en travers, tête de Domitien, empereur romain, émail de Limoges, grisaille teintée, par Pierre Raymond, dans un cadre orné de bandes émaillées en bleu clair rehaussé d'or.

47 — Portrait de Néron, peinture en grisaille sur émail de Limoges.

48 — Portrait d'un grand seigneur, époque Louis XIV, émail de Limoges, peinture en grisaille, par P. Nouailher.

49 — Médaillon ovale émail de Limoges, belle peinture en grisaille, par Laudin, sainte Vierge, l'Enfant Jésus et saint Jean, dans un joli cadre en argent.

50 — Médaillon ovale émail de Limoges, peinture en grisaille, par Laudin, Sainte Famille.

51 — Tableau carré émail de Limoges colorié, Saint Thomas Aquinas, sur fond ovale, entouré d'arabesques en relief.

52 — Tableau carré émail de Limoges colorié rehaussé d'or, sujet saint à inscription suivante : *A dame Ursule de Cadrieu de la Greste, par le R. P. Joseph Dupré. R. H.*, par Laudin.

53 — Tableau octogone émail de Limoges colorié, l'Annonciation, par Laudin.

54 — Médaillon ovale émail de Limoges colorié, Baptême de Notre Seigneur par saint Jean, de Laudin, 1693.

55 — Tableau carré émail de Limoges colorié, Sainte Madeleine en prières, par Nouailher.

56 — Deux tableaux émail de Limoges colorié, l'Annonciation et la Crucifixion.

57 — Tableau émail de Limoges colorié, l'Annonciation.

58 — Cadre contenant une peinture sur émail de Limoges, forme cintrée, l'Ecce Homo, colorié et rehaussé d'or.

59 — Portrait de saint Grégoire, émail de Limoges colorié sur paillons, par Laudin.

60 — Deux tableaux, peinture sur émail de Limoges, colorié et rehaussé d'or, Saint Jude et saint Simon, dans un joli cadre en bois sculpté.

61 — Le Christ et la sainte Vierge, peintures sur émail de Limoges colorié et rehaussé d'or.

62 — Le Christ et la sainte Vierge, en émail de Limoges colorié et rehaussé d'or.

63 — Une bourse en émail de Limoges colorié et à médaillons.

64 — Tableau carré, à médaillon ovale, émail colorié et rehaussé d'or, Junon couchée.

65 — Tableau carré émail de Limoges colorié, contenant un blason encadré de Thermes, et soutenu par des amours accroupis.

66 — Quatre petits médaillons émail de Limoges, petites figurines, sujets mythologiques, grisaille teintée sur fond rouge.

67 — Deux pièces, Tête de Christ, émail de Limoges, et une Crucifixion, émail translucide sur argent.

68 — Dix-huit peintures diverses, sur émail de Limoges; seront vendues par lots.

Émaux byzantins.

69 — Reliquaire émail byzantin, forme coffret et à crête, représentant la Mise au tombeau d'un saint évêque et son Ascension.

70 — Plaque provenant d'un reliquaire, émail byzantin, ornée de figures à têtes en relief.

71 — Autre plaque provenant d'un coffret, émail byzantin, représentant cinq personnages vus à mi-corps, en costumes émaillés et à têtes en relief, sous des arceaux en plein cintre.

72 — Paix, forme carrée, travail byzantin, sujet saint.

73 — Custode à couvercle conique, émail byzantin.

74 — Autre, surmontée d'une croix.

75 — Bassin de baptême, cuivre émaillé, genre byzantin.

76 — Autre, même genre, à sujets chimériques.

77 — Flambeau d'église à blason argent émaillé et nœud orné de niels.

78 — Deux pièces en bronze doré, dont un saint Pierre en bas-relief.

79 — Coffret reliquaire, cuivre émaillé, travail moderne, genre byzantin.

80 — Calice bronze doré, à colonne et nœud émaillé; XIVe siècle.

81 — Croix en émail byzantin, belle qualité.

82 — Grande croix en cuivre repoussé; xive siècle.

83 — Petite croix en cuivre gravé et doré en partie.

84 — Quatre médaillons ronds, émail byzantin, sujets saints.

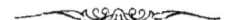

DEUXIÈME VACATION

Le Mardi 18 Janvier 1859.

Faïences italiennes.

85 — Fabrique de Gubbio. Coupe ronde à ombilic, à imbrications jaune métallique sur fond bleu; au centre un buste de femme. Diam. 30 c.

86 — Même fabrique. Coupe ronde, à bosselages, avec décors à reflets métalliques mordorés, rehaussés de bleu; au centre une Bonne Foi surmontée d'un cœur percé d'une flèche. Diam. 25 c.

87 — Même fabrique. Coupe ronde à feuilles, à reflets métalliques mordorés et ornements rouge feu; au centre, buste de femme en relief. Diam. 25 c.

88 — Même fabrique. Coupe ronde à bosselages, à dauphins, à reflets métalliques mordorés, rehaussés de bleu; au centre portrait de femme tenant un saint ciboire. Diam. 23 c.

89 — Même fabrique. Petite coupe ronde, ornements à reflets métalliques jaunes; au centre un buste de femme. Diam. 21 c.

90 — Même fabrique. Petite coupe ronde à bosselages, ananas mordorés à reflets métalliques sur fond chamois, rehaussés de boules en rouge feu; au centre portrait d'un moine. Diam. 19 c.

91 — Même fabrique. Plateau rond à dessins jaunes, à reflets métalliques, rehaussés de bleu sur fond blanc. Diam. 25 c.

92 — Même fabrique. Couvercle de coupe d'accouchée au monogramme en rouge feu de maître Giorgio: au centre un Amour franchissant un tronc d'arbre; bord jaune, rehaussé de bleu. Diam. 23 c.

93 — Fabrique d'Urbino. Grand plat rond, sujet tiré de l'histoire romaine; très riche de composition et émaillé de belles couleurs. Diam. 44 c.

94 — Même fabrique. Coupe ronde festonnée; enlèvement de Proserpine par Pluton; d'un beau dessin émaillé de belles couleurs. Diam. 33 c.

95 — Même fabrique. Coupe ronde sur piédouche, sujet: un Camp romain, Judith coupant la tête à Holopherne, ayant un blason aux armes de Venise et daté 1549; belles couleurs émaillées. Diam. 26 c.

96 — Même fabrique. Coupe ronde, Judith ayant coupé la tête à Holopherne; belles couleurs émaillées. Diam. 22 c.

97 — Même fabrique. Coupe ronde, belles couleurs émaillées; sujet mythologique. Diam. 26 c.

98 — Même fabrique. Coupe ronde, Descente de croix d'après Raphaël; belles couleurs émaillées. Diam. 27 c.

99 — Même fabrique. Coupe ronde sur piédouche et festonnée, Adam et Ève ayant mangé le fruit défendu; belles couleurs émaillées. Diam. 25 c.

100 — Même fabrique. Plateau rond, Persée délivrant Andromède; jolie composition et riche de couleurs, ayant un blason de cardinal. Diam. 27 c.

101 — Même fabrique. Assiette, Sortie de l'Arche de Noé; jolie composition et belles couleurs émaillées. Diam. 22 c.

102 — Même fabrique. Assiette, sujet mythologique; émaillée de belles couleurs. Diam. 23 c.

103 — Même fabrique. Assiette, Moïse frappant le rocher; bonne composition. Larg. 23 c.

104 — Même fabrique. Plateau, Bataille romaine; émaillé de bonnes couleurs. Diam. 32 c.

105 — Même fabrique. Plateau rond, sujet romain. Diam. 39 c.

106 — Même fabrique. Coupe ronde, Jugement de Marsyas; belles couleurs émaillées. Diam. 27 c.

107 — Même fabrique. Coupe ronde, sujet mythologique; émaillée de bonnes couleurs. Diam. 25 c.

108 — Même fabrique. Coupe ronde, sujet mythologique; émaillée de bonnes couleurs. Diam. 26 c.

109 — Même fabrique. Deux jolis plats ronds, dits cuppa amatoria, à paysages; finement émaillés et à blasons. Diam. 17 c.

110 — Même fabrique. Petit plat, dit cuppa amatoria, ayant un blason au fond, et des ornements bleus sur fond blanc au bord; date 1570. Diam. 19 c.

111 — Fabrique de Castel Durante. Grand plat, Mucius Scévola devant Porsenna. Diam. 42 c.

112 — Même fabrique. Plat rond, la Fortune montée sur un dauphin, avec devise. Diam. 35 c.

113 — Même fabrique. Coupe ronde, Jugement de Pâris. Diam. 28 c.

114 — Même fabrique. Coupe ronde et sur piédouche, Enlèvement d'Europe. Diam. 25 c.

115 — Même fabrique. Assiette, Vision, 1552. Diam. 23 c.

116 — Même fabrique. Assiette, Jugement de Pâris, 1545. Diam. 22 c.

117 — Même fabrique. Assiette, Héro et Léandre, 1545. Diam. 22 c.

118 — Même fabrique. Sujet mythologique; coupe ronde. Diam. 23 c.

119 — Même fabrique. Assiette, sujet saint. Diam. 22 c.

120 — Même fabrique. Petite coupe sur piédouche; composition de trois figures à têtes laurées. Diam. 21 c.

121 — Fabrique hispano-mauresque. Plateau rond, ornements à reflets métalliques jaunes, ayant un blason au centre et un aigle au revers. Diam. 44 c.

122 — Même fabrique. Plateau rond à reflets métalliques, fond jaune mordoré. Diam. 40 c.

123 — Fabrique d'Urbino. Coupe ronde et sur piédouche, ornée d'un joli portrait de femme; couleurs émaillées sur fond bleu; sur une banderolle, on lit : Laura Bella, 1535. Diam. 22 c.

124 — Même fabrique. Autre coupe, portrait de femme, même style, portant le nom Piera Bella. Même diamètre.

125 — Même fabrique. Coupe ronde sur piédouche élevé, ayant au centre un souverain assis sur son trône, bord à trophées d'armes, camaïeu bleu sur fond jaune. Diam. 23 c., haut. 10 c.

126 — Même fabrique. Coupe ronde à bord festonné, décorée d'arabesques jaunes sur fond bleu; au centre un amour sur fond orange. Diam. 26 c.

127 — Même fabrique. Autre coupe, même style; au centre un portrait, Antonia Bella. Diam. 25 c.

128 — Même fabrique. Autre coupe, même style ; au centre tête d'homme casqué. Diam. 24 c.

129 — Même fabrique. Autre coupe, même style; au centre un saint personnage sur fond jaune. Diam. 25 c.

130 — Même fabrique. Coupe ronde à piédouche et bord festonné à ornements à reflets métalliques jaunes sur fond blanc. Diam. 22 c.

131 — Même fabrique. Assiette fond bleu, à ornements grotesques et mascarons bleu clair, rehaussé de blanc; au centre un portrait d'homme, peint en jaune, portant le nom de Lentulo, date 1541. Diam. 24 c.

132 — Fabrique de Pesaro. Grand plat rond; au centre un portrait de femme, bord à imbrications jaunes, à reflets métalliques. Diam. 40 c.

133 — Même fabrique. Grand plateau rond et creux; au centre un portrait de femme et inscription, bord à imbrications d'un beau jaune, à reflets métalliques, rehaussé de bleu. Diam. 43 c.

134 — Même fabrique. Grand plateau rond et creux; au centre un portrait de femme et inscription, bord à imbrications, d'un beau jaune, à reflets métalliques, rehaussé de bleu. Diam. 43 c.

135 — Même fabrique. Grand plateau rond et creux; au centre un portrait de femme et inscription, bord à imbrications, d'un beau jaune, à reflets métalliques, rehaussé de bleu. Diam. 42 c.

136 — Même fabrique. Grand plateau rond et creux; au centre un portrait de femme et inscription, bord à imbrications, d'un beau jaune, à reflets métalliques, rehaussé de bleu. Diam. 41 c.

137 — Même fabrique. Plat rond et creux; au centre portrait de femme, vue de trois-quarts, bord à imbrications, d'un beau jaune, à reflets métalliques, rehaussé de bleu. Diam. 41 c.

138 — Même fabrique. Grand plat rond et creux; au centre femme assise, faisant la lecture à son enfant; banderolle à devise : *Per dormire non si scorda*; bord à quadrillage, fond jaune métallique, rehaussé de bleu. Diam. 43 c.

139 — Même fabrique. Grand plat rond et creux; au centre saint personnage en extase, fond jaune métallique, rehaussé de bleu. Diam. 43.

140 — Même fabrique. Plat rond; sur l'ombilic un portrait de femme et beaux ornements orange à reflets métalliques, rehaussé de bleu. Diam. 32 c.

141 — Même fabrique. Portrait de femme sur l'ombilic d'un plateau rond, à ornements de couleurs variées.

142 — Même fabrique. Plateau rond à ornements jaunes à reflets métalliques, sur fond blanc. Diam. 37 c.

143 — Même fabrique. Plateau creux, sujet de chasse; composition de quatre personnages, costumes époque de Henri II; belles couleurs variées. Diam. 40 c.

144 — Fabrique napolitaine. Tableau rond, Martyre de sainte Agathe; cadre à moulures en bois noir. Diam. 30 c.

145 — Même fabrique. Triomphe de Galathée; tableau rond dans un cadre en bois noir.

146 — Même fabrique. Quatre assiettes différentes grandeurs et de sujets divers. Ce lot sera divisé.

147 — Même fabrique. Sept petites assiettes; sujets divers.

148 — Même fabrique. Quatre petites assiettes et deux petits plateaux; sujets divers.

149 — Même fabrique. Cinq soucoupes rondes à ombilics creux; sujets divers. Ce lot pourra être divisé.

150 — Même fabrique. Tableau carré, la Crêche.

51 — Fabrique de Pesaro. Coupe ronde à bord droit et sur piédouche, fond jaune à reflets métalliques, à ornements rehaussés de bleu.

152 — Fabrique d'Urbino. Jolie salière à mascaron au centre, supportée par quatre cariatides de femmes ailées.

153 — Petite coupe ronde; au centre une femme agenouillée tirant de l'arc, couleurs émaillées; extérieurement des branches et feuilles de chêne en relief.

154 — Fabrique de Faenza. Blason en relief du pape Léon X.

155 — Jolie aiguière fond blanc, à blason aux armes des Médicis au centre.

156 — Gros vase au blason des Médicis et à anses dragons émaillés.

157 — Autre gros vase, Ascension d'un saint personnage dans un quadrige, anses à feuillages émaillés vert.

158 — Vase forme potiche, à deux anses serpents, à beau sujet émaillé, fabrique d'Urbino, Apollon poursuit les enfants de Latone.

159 — Vase à long goulot et à anses, à médaillon, Amours portant un vase de pharmacie.

160 — Autre vase à médaillon, Portrait de femme.

161 — Autre vase, à médaillon d'homme barbu.

162 — Deux vases à goulots, sans anses, à médaillons. Tête de femme et tête de satyre; fond chamois et ornements bleus.

163 — Une fontaine à double bassin, composée d'une sirène posée dans le bassin inférieur, et supportant le bassin supérieur; fabrique de Castel Durante.

164 — Statuette d'ange portant un flambeau verni de couleurs variées.

165 — Plusieurs briques italiennes, françaises et espagnoles. Ce lot sera divisé.

Faïences françaises et autres.

166 — Fabrique de Bernard Palissy. Grand plat ovale à reptile; belle qualité. Larg. 53 c.

167 — Même fabrique. Coupe ronde et creuse; au centre Actéon changé en cerf, bord à beaux ornements en relief et de couleurs variées. Diam. 30 c.

168 — Même fabrique. Coupe ronde, Persée délivrant Andromède; bel échantillon et beau contre-émail. Diam. 25 c.

169 — Même fabrique. Coupe ronde à mascarons, entrelacs et beaux ornements en relief. Diam. 25 c.

170 — Même fabrique. Coupe ronde, sujet mythologique; bord orné de fleurs de couleurs variées. Diam. 25 c.

171 — Même fabrique. Coupe ronde, Berger et Bergère; bord à fleurs en relief.

172 — Même fabrique. Coupe ronde à bord festonné, à mascarons et ornements. Diam. 23 c.

173 -- Même fabrique. Coupe ronde à ornements en relief. Diam. 20 c.

174 — Même fabrique. Coupe ovale en longueur, la Belle jardinière; piédouche et bord coupés. Grand diam. 26 c.

175 — Même fabrique. Coupe ovale en longueur, Création de la femme. Grand diam. 28 c.

176 — Même fabrique. Coupe ovale en hauteur, Baptême de saint Jean. Grand diam. 24 c.

177 — Même fabrique. Coupe ovale sur piédouche, à émail moucheté.

178 — Même fabrique. Deux beaux masques de chérubins ailés.

179 — Même fabrique. Plateau ovale contenant des écrevisses.

180 — Beau plat ovale à reptiles, un des premiers échantillons fabriqués par M. Pull, hommage offert par l'auteur à feu M. Jacquinot-Godard. Larg. 48 c.

181 — Grand plat ovale à reptiles, fabrique d'Avisseau de Tours. Larg. 56 c.

182 — Un pot à tabac et son couvercle, à reptiles et feuillages en relief; par le même.

183 — Un presse-papier; composition fantastique d'enroulements de reptiles, etc.; par le même.

184 — Coupe ronde à mascarons et ornements émaillés; par le même.

185 — Vase à anse, à ornements en relief; le haut imitant une tourelle à croisées ogivales, terre émaillée; par le même.

186 — Très-grand plat à reptiles; fabrication du faubourg Saint-Antoine. Diam. 70 c.

187 — Coupe ronde; faïence française, vernie de couleurs variées, bord à mascarons; au centre, les armes de France fleurdelisées. Diam. 25 c.

188 — Plat ovale, faïence française; au centre, Mars et Vénus pris dans les filets de Vulcain, émaillé de couleurs variées. Diam. 45 c.

189 — Plateau rond, bord à arabesques en relief, paysage au centre; faïence de Nevers, émaillée de couleurs variées.

190 — Plateau ovale, bord à arabesques en relief, paysage au centre; faïence de Nevers, émaillée de couleurs variées.

191 — Plateau ovale, ornements jaunes en relief, sur fond vert.

192 — Deux plateaux ; l'un rond, à dessins jaunes sur fond blanc, et l'autre ovale à bord en relief, avec paysage au centre.

193 — Grand plat rond ; au centre, prise d'une ville; bord à fleurs et rinceaux, variés de couleurs, ancien Rouen. Larg. 43 c.

194 — Petite coupe à lobes et à deux anses ; faïence d'Avignon couleur brune, et blason d'un saint père doré.

195 — Grand plat rond à sujet camaïeu bleu sur fond blanc, faïence de Delft. Diam. 45 c.

196 — Un vase à anse, à trois goulots, et un petit plateau ovale à marine et fleurs de couleurs variées sur fond blanc. Le vase est signé Julien Chartié, 1651.

197 — Deux pièces ; un grand bénitier à sainte Vierge et enfant Jésus au centre ; applique provenant d'un bénitier, orné du Christ et du Père éternel, en terre vernie de couleurs variées.

198 — Bas-relief carré, l'Adoration des rois mages ; faïence allemande vernie de couleurs variées.

199 — Bas-relief, forme cintrée, Buveurs, genre de Téniers ; faïence anglaise émaillée de belles couleurs.

200 — Deux pièces, un bénitier et un groupe de la sainte Vierge et de l'enfant Jésus; terre vernie de couleurs variées.

201 — Groupe de la sainte Vierge et de l'enfant Jésus; terre émaillée, genre Palissy. Haut. 25 c.

202 — Groupe grotesque du Professeur et son Elève, dans une chaire; faïence anglaise d'un bel émail.

203 — Groupe, Correction de l'Amour; en faïence émaillée de couleurs variées.

204 — Deux pièces, un vase d'attrape, formé d'une syrène émaillée, dans le genre de Palissy; et une petite coupe ovale ayant une femme couchée au centre, fond blanc et bleu.

205 — Deux figures, un moine et une figure de femme en terre vernie en jaune.

206 — Quatre pièces, faïences diverses, tête chimérique, serpent, soulier et dessus de brosse.

207 — Un perroquet dans un anneau, faïence de Delft, ornée de couleurs variées.

208 — Un vase à deux anses à dauphins, à ornements en relief, vernis en bleu, et contenant une réunion de fruits et reptiles.

209 — Une grande aiguière à une anse, en faïence de Rouen; à ornements bleus sur fond blanc. Haut. 45 c.

210 — Une autre aiguière de belle forme; même fabrique et même genre de dessin.

211 — Un pot à eau à anse, ayant sur la panse saint Michel terrassant le mauvais génie; le reste du vase à branches de fleurs et oiseaux de couleurs variées sur fond blanc. (Signé Michel Mirville, 1747.)

212 — Une aiguière à beaux dessins bleus sur fond blanc; faïence de Rouen.

213 — Un cache-pot à deux anses serpents, fond bleu de roi, taché de blanc; genre persan.

214 — Trois assiettes, faïence de Delft, contenant des olives, des fruits, etc.

215 — Trois vases, un melon et deux beurriers, faïences ancienne et moderne.

TROISIÈME VACATION

Le Mercredi 19 Janvier 1859.

Ivoires sculptés.

216 — Grande et belle crosse d'évêque en ivoire sculpté, travail dit byzantin, ornée sur ses deux faces d'enroulements d'animaux et rinceaux ; au centre, un saint évêque donne sa bénédiction à un personnage agenouillé, le montant contient trois figures de moines debout sous le porche d'une église, et le nœud est très-richement ornementé dans le goût oriental. Haut. 22 c.

217 — Sainte Vierge assise, vue de face, tenant l'Enfant Jésus sur ses genoux ; travail du xve siècle. Haut. 17 c.

218 — Sainte Vierge assise, vue de trois quarts, tenant l'Enfant Jésus debout sur ses genoux ; ivoire sculpté en ronde-bosse, beau travail du xive siècle, sur socle en bois noir. Haut. 20 c.

219 — Sainte Vierge et l'Enfant Jésus, en ivoire sculpté, appliqué sur un fond et entouré d'une gloire à rayons, bronze doré. Haut. 35 c.

220 — Christ en ivoire sculpté, travail français du XVIe siècle. Haut. 30 c.

221 — Sainte Vierge debout, tenant l'Enfant Jésus dans ses bras ; ivoire sculpté. Haut. 40 c.

222 — Sainte Vierge debout, tenant l'Enfant Jésus étendant ses petits bras devant elle ; ivoire sculpté. Haut. 30 c.

223 — Moine pleureur en ivoire sculpté, modèle des moines des tombeaux des Chartreux de Dijon. Haut. 28 c.

224 — Sainte Vierge debout, tenant l'Enfant Jésus dans ses bras ; ivoire sculpté. Haut. 20 c.

225 — Vidrecome en ivoire sculpté en ronde-bosse ; marche de Silène et Bacchanale, monté en vermeil, ornements à feuilles de vigne, à anse ornée d'un amour, et le bouton du couvercle d'une figurine de Satyre. Haut. 29 c.

226 — Vidrecome en ivoire sculpté en ronde-bosse, Adam et Eve séduits par le serpent, et animaux dans des bois, monture en argent, à anse, style de Boule, à cariatide de femme et le bouton du couvercle formé d'un camée en silex. Haut. 22 c.

227 — Très-grand gobelet sur piédouche et à couvercle, la panse en ivoire sculpté en ronde-bosse, sujet tiré de l'histoire romaine, et à blasons, monture en argent supportée par quatre petits lions couchés. Haut. 45 c.

228 — Gobelet sur piédouche en ivoire, travail de tour; le nœud formé d'un groupe de trois enfants, et le bouton du couvercle orné d'une figurine d'enfant drapé. Haut. 42 c.

229 — Deux jolies figures en ivoire sculpté formant pendant, Cléopâtre et Lucrèce, à draperies tourmentées, sur socles en marbre ornés de coraux. Haut. 23 c.

230 — Figure en ivoire sculpté, homme en costume espagnol à crevés et à nœuds; socle en bois noir. Haut. 20 c.

231 — Figurine de femme dansant en ivoire sculpté, tenant une couronne de fleurs au-dessus de sa tête; socle en bois noir. Haut. 19 c.

232 — Figurine de femme en ivoire sculpté, semblable à la précédente.

233 — Saint Sébastien attaché à un arbre et percé de flèches, ivoire sculpté. Haut. 20 c.

234 — Figurine d'un saint personnage drapé et en extase; ivoire sculpté. Haut. 19 c.

235 — Figurine de sainte Madeleine nue, le pied posé sur une tête de mort; ivoire sculpté. Haut. 15 c.

236 — Petit groupe en ivoire sculpté, paysanne assise devant son rouet; socle en bois noir orné de moulures en ivoire.

237 — Joli petit groupe composé de deux enfants, jeune fille et jeune garçon jouant avec un chat; socle en bois noir orné d'ivoire.

238 — Groupe de mendiants en ivoire sculpté, objet d'une grande vérité; socle carré en bois noir.

239 — Autre groupe de mendiants semblable au précédent.

240 — La crèche en ivoire sculpté, composée de dix figurines d'hommes et d'enfants, et de six animaux divers, travail très-fin de Dieppe, posés artistement dans une cage à colonnettes en bois noir garnie de verres.

241 — Amour couché, travail en ivoire sculpté, style François Flamand.

242 — Figurine, cadavre nu couché en ivoire sculpté. Long. 20 c.

243 — Jeune enfant debout, beau travail en ivoire sculpté sur socle garni en argent.

244 — Groupe en ivoire sculpté composé de trois figurines d'enfants.

245 — Figurine d'enfant en ivoire sculpté, tenant dans sa chemise relevée, trois petits chiens ; socle en bois noir. Haut. 10 c.

246 — Cippe en ivoire sculpté en ronde-bosse représentant sept figurines allégoriques, les Vertus théologales et les quatre Vertus cardinales, monture en vermeil, au fond du vase, portrait d'un saint-père.

247 — Petit cippe en ivoire sculpté en ronde-bosse et à jour, bacchanale d'enfants, monté en tabatière à deux tabacs en vermeil.

248 — Tabatière forme carrée en ivoire, le couvercle sculpté en ronde-bosse représente le sujet de la Femme adultère; le fond est orné de trophées d'armes.

249 — Poire à poudre en ivoire sculpté en ronde-bosse, la chasse au cerf et la chasse au sanglier; monture en vermeil.

250 — Nœud d'une crosse en ivoire sculpté en ronde-bosse, animaux chimériques et enroulements; style byzantin.

251 — Boîte en forme de livre, contenant l'inscription d'une croix en ivoire finement sculpté, époque du XVIe siècle, et deux couvertures de livres ornées des bas-reliefs des évangélistes, de sujets saints et d'ornements à jour, ivoire sculpté, style byzantin.

252 — Diptyque de forme ogivale en ivoire sculpté, divisé en seize petits compartiments, sujets saints d'une grande finesse; travail du XIVe siècle, sous verre et dans un cadre en bois noir.

253 — Petit diptyque en ivoire sculpté, sujets saints, portant quelques traces de peinture, travail du XVe siècle.

254 — Petit diptyque en ivoire sculpté sujets saints, travail du XVe siècle.

255 — Volet de diptyque en ivoire sculpté, sujet saint, XVe siècle.

256 — Volet de diptyque, sujet saint, en ivoire sculpté et repercé à jour, dans sa boîte en bois noir.

257 — Frise ou plaque en ivoire sculpté, provenant d'un coffre de mariage, avec sujets en bas-relief; cadre en bois noir.

258 — Plaque carrée en ivoire sculpté provenant d'un reliquaire, l'Annonciation et la visite à sainte Elisabeth, travail du XIVe siècle

259 — Paix de forme cintrée en ivoire sculpté; l'Annonciation.

260 — Paix de forme ogivale en ivoire sculpté; sujet saint.

261 — Coffre de mariage en os sculpté, orné de quantité de personnages. Larg. 34 c.

262 — Coffre de mariage en os sculpté sur trois faces seulement, orné de figurines en bas-relief. Larg. 22 c.

263 — Cippe en ivoire sculpté orné de quantité de figurines de saints en bas-relief, monté à moulures en bois noir.

264 — Volet de diptyque, en ivoire sculpté en ronde-bosse, composition de quatre personnages, enchâssés dans un socle en bois noir.

265 — Frise en ivoire sculpté, Diane surprise par Actéon.

266 — Médaillon ovale en ivoire sculpté en ronde-bosse, enfants cueillant du raisin, style François Flamand.

266 bis. — Gobelet en corne sculptée en relief, la chasse au chamois, à couvercle en vermeil repoussé.

267 — Couteau et fourchette à manches en ivoire sculpté, enroulements d'animaux d'une grande finesse.

268 — Couteau et fourchette à manches en ivoire sculpté, Adam et Ève, d'un beau travail, dans leur étui du temps (Vente Debruge).

269 — Couteau et fourchette à manches en ivoire sculpté à deux figurines de saints, chaque.

270 — Deux couteaux à manches en ivoire sculpté, Bacchant et Bacchante, dans une gaîne sculptée à bas-reliefs de même en ivoire.

271 — Un couteau à lame en vermeil, manche en ivoire sculpté, chasseur et chasseresse, costume époque Louis XIII.

272 — Deux canifs, manches en ivoire sculpté; deux Minerves.

273 — Quatre canifs et grattoirs à manches en ivoire sculpté, figurines de femmes; Cléopâtre, Diane, etc.

274 — Deux manches de couteaux en ivoire sculpté, chasseur et groupe de deux personnages.

275 — Statuette en ivoire sculpté, Pandore. 16 c.

276 — Deux statuettes ivoire sculpté, Vénus et Antinoüs, sur socles ronds en bois noir. Haut. 19 c.

277 — Groupe en ivoire sculpté, Diane debout entre deux chiens levriers, sur cippe en ivoire. Haut. 20 c.

278 — Statuette en ivoire sculpté, femme satyre assise, sur socle en cristal de roche. Haut. 18 c.

279 — Groupe en ivoire sculpté, lutteurs dans la pose d'Hercule et Antée; socle en bois noir. Haut. 18 c.

280 — Groupe en ivoire sculpté, saint personnage posant le pied sur un homme terrassé ; sur socle en marbre brèche violette. Haut. 15 c.

281 — Groupe en ivoire sculpté, saint Antoine en prière et son compagnon. Haut. 14 c.

282 — Groupe en ivoire sculpté, sainte Vierge accroupie près du Christ.

283 — Groupe, sculpture en haut-relief en applique, les trois rois mages. Haut. 15 c.

284 — Groupe en ivoire sculpté d'un seul morceau, la déesse **LHENIA**, entourée de deux petits enfants. Haut. 13 c.

285 — Groupe en ivoire sculpté, déclaration d'amour, berger et bergère, costumes époque de Watteau.

286 — Groupe en ivoire sculpté, femme pauvre accompagnée de trois enfants. Haut. 10 c.

287 — Groupe en ivoire sculpté, paysan voulant embrasser une jeune fille.

288 — Petit groupe grotesque ivoire sculpté, homme et femme près d'un tonneau, et formant poivrière.

289 — Quatre figurines en ivoire sculpté représentant les quatre saisons, ancien Dieppe ; sur socles en bois noir.

290 — Figurine en ivoire sculpté, pauvre estropié appuyé sur ses béquilles, sur socle carré en bois noir.

291 — Groupe en ivoire sculpté, enlèvement par Mercure.

292 — Figurine en ivoire sculpté; saltimbanque.

293 — Figurine en ivoire sculpté; sainte Catherine. Haut. 15 c.

294 — Petite statuette équestre en ivoire sculpté, Gustave-Adolphe de Suède.

295 — Sainte Vierge et l'Enfant Jésus, sculpture en ivoire. Haut. 15 c.

296 — Sainte Vierge et l'Enfant Jésus, travail espagnol; sculpture en ivoire.

297 — Sainte Vierge et l'Enfant Jésus, sculpture en ivoire.

298 — Sainte Madeleine en pleurs, sculptée en ivoire; sur socle en cristal de roche. Haut. 15 c.

299 — Sainte Madeleine portant une tête de mort, sculpture en ivoire. Haut. 12 c.

300 — Sainte femme en prière, sculpture en ivoire. Haut. 12 c.

301 — Deux figurines en ivoire sculpté; saints personnages.

302 — Sainte Madeleine agenouillée, sculptée en ivoire.

303 — Petit-bas relief en ivoire sculpté; quatre enfants jouant.

304 — Femme couchée, sculpture en ivoire d'une bonne exécution.

305 — Deux figurines en ivoire sculpté; Arlequin et Pierrot.

306 — Statuette en ivoire sculpté ; Hercule de Farnèse.

307 — Statuette en ivoire sculpté; Atlas.

308 — Statuette en ivoire sculpté; Neptune.

309 — Statuette en ivoire sculpté; Vénus.

310 — Statuette en ivoire sculpté; Vénus. Haut. 17 c.

311 — Petit groupe en ivoire sculpté; Satyre et Nymphe.

312 — Figurine en ivoire sculpté; Danseuse en costume d'homme, époque Louis XV.

QUATRIÈME VACATION

Le Jeudi 20 Janvier 1859.

Objets divers.

313 — Aiguière et plat en étain, à bas-reliefs et ornements du XVIe siècle, par François Briot.

314 — Grand et beau plat rond en étain, à médaillons et ornements très-fins du XVIe siècle, d'une bonne conservation, par François Briot.

315 — Plat rond en étain, plus petit que le précédent, même style, par François Briot.

316 — Petite horloge de table, forme carrée, en bronze doré, à cadran et ornements gravés et à blason. Date 1598.

317 — Petite horloge forme carrée et à dôme, en cuivre doré et gravé, à beaux ornements à cartouches et cariatides. Travail allemand du XVIe siècle.

318 — Chien couché à mâchoire mouvante, en bronze ciselé et doré, époque Louis XIII.

319 — Bas-relief en pierre de Kehlheim, forme carrée sur hauteur; le Christ debout entre deux anges qui écartent son vêtement pour faire voir ses plaies; au-dessus de lui, quatre petits anges voltigent et soutiennent un listel.

320 — Grand bas-relief carré sur pierre de Kehlheim ; le Massacre des Innocents, sujet d'une composition très-riche. Signé AHIB — 1550 (fracturé).

321 — Bas-relief sur pierre de Kehlheim, Tête de mort coiffée d'un berret et fumant dans une pipe à tête de mort ; près d'elle un vase funéraire orné de sujets gravés, — la Danse macabre, d'après Holbein. — Blason et monogramme IK — 1569.

322 — Fragment d'une sculpture sur pierre lithographique de Kehlheim, Pestiféré près d'un pont.

323 — Sculpture en bas-relief sur pierre de Kehlheim, sujet saint; Baptême dans un temple.

324 — Petit bas-relief carré sur pierre de Kehlheim, la Prise de Troie.

325 — Joli petit bas-relief carré, sur pierre de Kehlheim ; le Samaritain, finement sculpté et bien dessiné.

326 · Médaillon rond sur pierre de Kehlheim, Hébé, signé Jean Peis — 1548.

327 — Petit bas-relief carré sur pierre de Kehlheim, Femme satyre assise.

328 — Médaillon ovale en pierre de Kehlheim, Saint Michel terrassant le Démon.

329 — Magnifique bas-relief en bronze, portrait du Saint-Père Pie V appliqué sur fond jaspe héliotrope, dans un délicieux cadre en bronze finement ciselé, surmonté d'un médaillon composé de fleurs, contenant le portrait de Pie VI, de même en bas-relief sur jaspe; deux cornes d'abondance complètent le couronnement de cette belle pièce faite par Righetti, à Rome, en 1795.

330 — Grand et beau médaillon rond, peinture en grisaille rehaussée d'or, sur cristal de roche, Descente de croix et deux blasons; travail vénitien du XVIe siècle, cadre en bronze doré.

331 — Trois médaillons coloriés et rehaussés d'or, sur cristal de roche; travail vénitien du XVIe siècle.

332 — Deux médaillons niellés, Saint Luc et Saint Marc, surmontés de blasons niellés; dans des cadres en bronze doré.

333 — Bataille entre des Grecs et des Persans, composée d'éléphants à tourelles et quantité de cavaliers, composition très-riche et très-bien mouvementée, en pâte; travail du XVIe siècle, dans un cadre en ébène orné de lapis et de moulures en ivoire.

334 — Une demi-aune en bois à ornements très-fins, incrustés d'ivoire gravé et peint en partie, époque Louis XIII.

335 — Jeu de l'oie, en ébène, incrusté en ivoire, ayant des fleurs-de-lis dans les quatre coins

336 — Tableau gravé sur ivoire, sujet saint, dans un cadre en cuivre à moulures en ébène.

337 — Portrait du pape Grégoire XVI, buste en argent en relief, fait par Camiletti, appliqué sur marbre rouge antique; dans un cadre carré en bronze ciselé et doré.

338 — Boîte ovale en ivoire à cloutage et drageoir en écaille montés en argent; ces deux pièces contiennent à l'intérieur du couvercle, la première, Vénus, satyre et amour, peinture en miniature; l'autre, le portrait de Monseigneur Louis de Bretagne.

339 — Deux très-jolies sculptures en haut-relief, modelées en cire et coloriées; satyres et nymphes, dans des cadres en bois noir à moulures.

340 — Grand bas-relief en cire, portrait d'un Saint-Père de l'Église.

341 — Sculpture en cire, en ronde-bosse, Léda et le Cygne, cadre sculpté et doré. Signé : Abr. Drentuet.

342 — Trois pièces : Médaillon rond, portrait en cire, le buste du Roi de Rome en ronde-bosse, et une pâte imitation d'onyx, composition très-riche, sujet tiré de l'Ancien Testament.

343 — Couteau et fourchette à manches, à beaux ornements en fils d'or et d'argent imitant des écailles, incrustés sur bois.

344 — Couteau, fourchette et cuiller en argent, finement ciselé et doré, à manches cariatides de femmes et ornements du xvie siècle.

345 — Deux couteaux à manches en argent et feuillages émail cloisonné, époque Louis XIII; dans leur étui en peau de requin.

346 — Couteau et fourchette à manches en agate d'Allemagne, viroles en vermeil et fourreau en cuir gaufré, époque Louis XIII.

347 — Joli couteau, manche en cornaline, monté en argent niellé, virole acier ciselé; fourreau du temps, garni d'argent. Travail du XVIe siècle.

348 — Couteau persan, lame damas, manche à roseaux et fleurs dorés.

349 — Couteau oriental à lame pointue, manche ornementé en cuivre.

350 — Deux couteaux dont un à manche en écaille incrustée d'argent.

351 — Couteau à papier, lame en vermeil, manche en jaspe et garniture en vermeil émaillé et garni de pierreries.

352 — Deux couteaux pliants à dessert, lames acier et argent, dans leur étui en galuchat.

353 — Trois couteaux pliants à manches nacre de perle et écaille garnis d'or.

354 — Deux très-petits couteaux du XVIe siècle, à manches en argent repoussé à ornements, dans leur gaîne du temps.

355 — Longue-vue en cuir gaufré, à fleurs-de-lis et aux monogrammes dorés de Catherine de Médicis. Objet très-curieux.

356 — Médaillon reliquaire forme ovale, en écaille blonde garnie d'argent, à ornements à jour, et une navette en écaille à paysages chinois incrustés en or et en argent.

357 — Deux coupes à boire, garnies d'argent ; l'une en coco sculpté et l'autre en coquillage.

358 — Râpe à tabac en bronze, à figure de Flamand en relief.

359 — Trois râpes à tabac, dont une en acier à blason damasquiné d'or, les deux autres en écaille à ornements incrustés d'argent.

360 — Quatre étuis à ciseaux en acier ciselé et gravé, époque Louis XIII.

361 — Deux châtelaines en cuivre, dont une garnie de son nécessaire en nacre de perle et argent doré.

362 — Trois pièces : petit modèle de pistolet à rouet ; petit manche en acier à beaux ornements ciselés en relief xvie siècle et une entrée de serrure en acier gravé et doré.

363 — Petit modèle de pistolet à piston, ses capsules et clés.

364 — Christ en cuivre sur une croix en bois, entièrement couverte d'inscriptions en cloutage de cuivre ; provenant de la chambre du conseil de la sainte inquisition à Madrid, abolie en 1808.

365 — Ostensoir bronze doré, à tourelles et colonnettes, xvie siècle.

366 — Ostensoir bronze doré et argenté, forme carrée, orné d'une peinture sur verre et nœud orné de petits émaux de Limoges.

367 — Ostensoir bronze argenté, forme ogivale et à flèches.

368 — Saint-ciboire forme sphérique, en bronze doré et à nœud.

369 — Pied de calice en cuivre repoussé et doré, sujets saints, riche de composition et d'un beau fini.

370 — Deux coffrets reliquaires, dont un en bronze doré, l'autre orné de vitrifications.

371 — Joli coffret à reliques, à couvercle cintré en velours, monté à cage ornementée en bronze doré, serrure à secret, surmontée d'une croix archiépiscopale, XVIe siècle.

372 — Coffret à bijoux, forme cintrée, en velours rouge, garni de bronze doré.

373 — Médaillon ovale cuivre repoussé et doré, Jésus au Temple, dans un cadre carré en ébène garni d'ornements en bronze doré XVIe siècle.

374 — Bas-relief en cuivre repoussé, ciselé et doré, Adam et Ève. Travail du XVIe siècle.

375 — Sainte Vierge et l'enfant Jésus, bas-relief en bronze ciselé et doré, dans un cadre carré en ébène, garni d'ornements en bronze doré. Travail du XVIe siècle.

376 — Sainte famille, bas-relief carré, en fer repoussé et ciselé. Cadre en bois noir.

377. — Bas-relief en cuivre rouge repoussé, saints Pères de l'Église. Cadre en bois plaqué de cuivre poli.

378. — L'Annonciation, bas-relief forme cintrée en cuivre rouge repoussé, très-riche de composition. Signé Paul Ponce.

379 — Deux bas-reliefs en cuivre repoussé forme carré-long, la Flagellation et le Christ au roseau, travaillés au ciselet, dorés et argentés. Travail vénitien du xvie siècle, cadre en bois noir.

380 — Bas-relief carré sur hauteur, homme et femme pauvres. Cadre en ébène.

381 — Médaillon rond, cerf courant, en bronze à inscriptio n et date 1561.

382 — Bas-relief carré en cuivre repoussé, le Christ tirant les bonnes âmes de l'enfer. Travail du xvie siècle.

383 — Médaillon rond en bronze florentin, bas-relief composé de deux figures de femmes, sujet allégorique. Cadre carré en ébène.

384 — Deux médaillons ronds, en cuivre repoussé, saint Martin de Tours, et le jugement de Salomon.

385 — Médaillon rond en cuivre jaune, à bas-relief, Loth et ses filles. Travail du xvie siècle.

386 — Deux plateaux ovales en cuivre repoussé à sujets divers aux centres, et bords à fleurs, dont un doré et l'autre argenté.

387 — Deux médaillons ronds en bronze, dont un représentant Suzanne et les Vieillards, l'autre à sujet allégorique à monogramme et date H. G. 1570. Cadre en bois noir.

388 — Sainte Vierge, en bois finement sculpté, peint et doré, tenant une couronne et ayant la tête ornée d'une belle coiffure, formée de fleurs en argent, enrichies de pierreries. Travail du xvie siècle.

389 — Figurine, Isaac allant au sacrifice, même travail, même époque.

390 — Trois reliquaires en corne, de forme ovale, composés de plusieurs petits médaillons entourant les centres et contenant des reliques, une miniature et la crucifixion en ivoire sous cristal de roche.

391 — Deux chapelets, l'un composé de têtes de morts en ivoire sculpté, l'autre en bois noir, à grains à quatre faces, à têtes de morts en ivoire et à reliquaire en filigrane d'argent.

392 — Deux petits bracelets en noyaux, dont l'un à blasons repercés à jour; l'autre à bas-reliefs, têtes d'empereurs romains, alternés de boules en filigrane d'argent et perles fines. Travail très-fin et très-curieux du xvie siècle.

393 — Deux pièces : un bout de rosaire en noyaux de pêches à sculptures en bas-relief, sujets saints, et orné de cornalines en croix et un petit collier en noyaux de cerises, ornés de petits mandarins sculptés et repercés à jour.

394 — Collier à grains en cristal de roche taillés à facettes et orné d'une croix de même en cristal de roche, dont les bouts sont en or et en petites cornalines.

395 — Chapelet en grenat, orné de grains, d'une croix et reliquaire en filigrane d'argent.

396 — Deux jolis chapelets en verre de Venise, ornés d'une croix en filigrane en vermeil et sainte Vierge en argent ciselé.

397 — Dix colliers, chapelets et coiffures en cornaline, verre de Venise et grenats de Bohême. (Pourront être vendus par lots.)

398 — Grand et bel étui à encrier et plumes, en vernis de Martin, fleurs coloriées sur fond or gaufré.

399 — Gros étui à aiguilles, en poudre d'écaille noire, et à paillettes brillantes en burgau.

400 — Étui à aiguilles verni par Martin, berger et bergère sur fond doré.

401 — Étui à aiguilles en écaille, à douille et galons en or.

402 — Étui à aiguilles en nacre de perle, à douille, galons et filets en or.

403 — Deux étuis en nacre de perle, dont un à douille en argent.

404 — Deux petites lanternes à plaques rondes en nacre de perle à ornements argentés, et une montée en argent.

405. — Quatre pièces : deux mosaïques de Florence à fleurs et oiseaux ; une peinture, fleurs sur nacre de perle, et une plaque carrée en laque Martin, imitation du Japon.

406 — Neuf médaillons en étain, sujets saints et mythologiques. Travail du XVIe siècle. Seront vendus par lots.

407 — Sept pièces en étain, une assiette suisse, deux sceaux, un bas-relief sujet saint et trois bas-reliefs, parties du monde sous la figure d'êtres humains, dans un cadre en bois noir.

408 — Vingt-trois médaillons ronds en plomb ; empereurs romains.

409 — Bas-relief en rouge antique, faune et bacchante. Cadre en ébène.

410 — Nécessaire en galuchat, contenant ses ustensiles en argent, et un souvenir en nacre de perle, garni en argent.

411 — Neuf pièces en écaille piquée et posée or et parmi lesquelles un étui à ciseaux.

412 — Trois pièces : deux cassolettes ; une forme cœur émaillé, l'autre en agate, et un médaillon composé de plusieurs agates figurées.

413 — Quatre salières émail de Saxe, et un petit flacon porcelaine moderne, imitation des émaux de Limoges.

414 — Six pièces provenant de tabatières en ivoire piqué, nacre de perle gravée, etc.

415 — Cinq pièces : une rosace émaillée, une pierre figurée, deux sculptures en ivoire sous verre, et une coquille gravée, les trois Grâces.

416 — Figurine assise, sculpture en ronde-bosse sur agate orientale.

417 — Cinq brosses dont une en émail de Saxe, les autres en marqueterie de Boule et marqueterie Louis XIII. (Seront vendues par lots.)

418 — Trois pièces : un reliquaire orné de peintures et de broderies; un flacon orné de deux portraits, Héloïse et Abailard, et un sablier en bronze doré.

419 — Quinze boutons en marcassite et argent, et deux paires de boucles de souliers et jarretières en acier.

420 — Quatre très-grandes boîtes en écaille, dont trois rondes et une ovale. (Seront vendues séparément.)

CINQUIÈME VACATION

Le Vendredi 21 Janvier 1859.

Manuscrits et imprimés.

421 — Manuscrit sur vélin, missel du xive siècle, orné de belles miniatures, dont 35 grandes et 73 petites.

422 — Manuscrit sur vélin, heures de l'époque de Charles VIII, orné de 21 grandes miniatures et 37 petites.

423 — Manuscrit sur vélin, très-beau missel du xve siècle, orné de 113 miniatures et listels, d'une composition très-riche et très-originale, formant de véritables petits tableaux, avec les costumes et usages de l'époque.

424 — Manuscrit sur vélin, missel du xive siècle, orné de miniatures, et contenant des oraisons en français.

425 — Manuscrit sur vélin, missel du xive siècle, orné de miniatures et lettres majuscules, ayant sa reliure du temps en cuir gaufré et fleurdelisé.

426 — Manuscrit sur vélin, heures françaises complètes et oraisons diverses, orné de miniatures, à fermoir à bas-relief ciselé.

427 — Manuscrit sur vélin, Oraisons françaises et latines, orné de majuscules à miniatures.

428 — Manuscrit sur vélin, missel du xive siècle, orné d'une miniature, ayant sa reliure du temps en cuir gaufré.

429 — Petit manuscrit sur vélin, heures du xve siècle à miniatures, lettres majuscules, et au blason de Jacques Cœur, dans une reliure en acier gravé d'une très-grande finesse, sujets saints.

430 — Petit manuscrit sur vélin, heures du xve siècle, orné de miniatures.

431 — Petit manuscrit sur vélin, missel du xve siècle, orné de miniatures.

432 — Manuscrit sur vélin, très-petites heures.

433 — Manuscrit sur vélin, traité du blason par Montagu, hérault du prince Jacques d'Armaniac, orné de blasons coloriés et gouachés.

434 — Manuscrit sur vélin, psautier du xive siècle, écrit d'une finesse remarquable.

435 — Manuscrit sur vélin, offices écrits d'une grande finesse.

436 — Manuscrit sur vélin, Règlement et Statuts de la fondation de l'ordre de la Toison-d'Or en français, xve siècle. Très-rare.

437 — Manuscrit sur vélin du xive siècle, traité de médecine, dédié et remis au roi Charles V, dans une belle reliure en cuir gaufré et doré, orné de fleurs de lis et inscriptions. Très-curieux.

438 — Manuscrit partie sur papier, partie sur vélin, renfermant des épîtres, confessions, etc., xve siècle, reliure du temps en bois.

439 — Heures de la Vierge, belle impression de Paris sur vélin, par Germain Hardouyn, xvie siècle, reliure du temps en cuir gaufré et doré.

440 — Missel imprimé sur vélin, par Gillet Hardouyn, avec frontispice et émargements très-fins dans le style allemand de l'époque, parmi lesquels la danse Macabre, reliure en velours et fermoirs à ornements à jour en vermeil.

441 — Missel imprimé sur vélin, par Simon Vostre, vers 1490, à émargements très-fins, et d'une composition très-originale dans le goût allemand, reliure en cuir gaufré à sujets saints, et fleurdelisé.

442 — Missel imprimé sur papier, par Simon Vostre, vers 1490, contenant quantité de gravures sur bois, et à beaux émargements dans le goût allemand, reliure en cuir gaufré.

443 — Jeu d'armoiries ou blasons, imprimé sur cartes et colorié, dans une boîte forme livre, en ébène à blasons en marqueterie de bois, ivoire, etc.

444. — Album contenant des lettres majuscules et miniatures. — Généalogie de la famille de France et autres parchemins.

Vitraux.

445 — Grand et beau vitrail suisse à blason au centre, et chevalier et sa dame de chaque côté. Date 1593.

446 — Grand vitrail peint, d'une belle composition, chevalier et sa dame. Date 1583.

447 — Deux jolis vitraux suisses à blasons. Dates 1599 et 1605.

448 — Deux vitraux carrés peints en grisaille. Travail italien du XVIe siècle, offrandes à Jupiter.

449 — Deux vitraux suisses ronds : saint Jean et saint Évêque à côté d'un blason au monogramme de Jésus, et l'intérieur de la boutique d'un barbier. Date 1608.

450 — Vitrail allemand : portrait de Charles Alexandre, duc de Lorraine, gouverneur des Pays-Bas et grand maître de l'ordre teutonique. Date 1570.

451 — Beau vitrail italien : Jésus au jardin des Oliviers dénoncé par Judas; composition d'un grand style, les figures vues à mi-corps.

452 — Deux vitraux anciens; un allemand, vision d'un souverain; l'autre suisse, arquebusier et sa dame.

453 — Deux vitraux : le marchand chassé du temple et Adam recevant la pomme des mains d'Ève. Date 1690.

454 — Deux vitraux peints en grisaille : Cérès et Bacchus à demi couchés.

455 — Deux vitraux peints en grisaille, dont un Jésus devant Pilate.

456 — Deux vitraux peints, forme ovale, saint Martin et crucifixion.

457 — Deux vitraux ovales dont un en grisaille, Joseph et ses frères ; l'autre grisaille teintée, saint Jérôme.

458 — Trois châssis de croisées garnis de quantité de vitraux peints de différentes époques. Pourront être vendus séparément.

459 — Quatre fragments de vitraux, dont un très-ancien, fleurdelisé.

460 — Dix vitraux et fragments peints. Seront vendus par lots.

Verres de Venise et autres.

461 — Environ cinquante verres de Venise, de Bohème et autres. Seront vendus par lots.

Cruches en grès de Flandre et autres.

462 — Gourde en grès, forme bouteille aplatie, vernissée bleu de roi, à médaillon bas-relief à guirlandes de laurier et à devise.

463 — Gourde forme ronde aplatie, en terre brune, à reflets métalliques, ornée de rinceaux en relief.

464 — Petite gourde forme bouteille, à ornements en relief et couleur tigrée.

465 — Vase rond élevé à quatre anses, à ornements repercés à jour, fond vernissé vert.

466 — Vidrecome en terre émaillée de couleurs variées, sujets saints, par Bœtiger. Date 1678.

467 — Vase à boire en terre vernie noir; tête de Satyre, grandeur nature, dont les cornes forment l'anse.

468 — Cruche en grès de Flandre, forme carrée, à blason bleu sur fond brun.

469 — Deux cruches en grès de Flandre, l'une forme carrée à ornements bleus, l'autre à goulot et à anse, à médaillon, portrait de Louis XIV en bleu sur fond brun.

470 — Cruche forme cylindrique en grès de Flandre, à médaillon en relief émaillé bleu. Date 1659.

471 — Deux petites cruches en grès de Flandre, l'une forme cylindrique à ornements en relief, l'autre à panse hexagone et à anse, émail bleu sur fond gris.

Objets divers.

472 — Serrure carrée en cuivre, ornée d'une figurine d'homme en relief, qui montre sur un cadran le nombre de fois qu'elle a été ouverte, clef en acier ciselé. Époque Louis XIV.

473 — Serrure carrée en fer, à figures de saints et lézards en relief et ornements découpés à jour. Travail du XVIe siècle ; provenant du château de Chambord.

474 — Applique de serrure en fer ciselé, saint Evêque sous un dais, XVIe siècle.

475 — Deux pièces : petite serrure de porte et sa clef en fer, et un cadenas et sa clef en fer, à entrée fermée à secret.

476 — Deux pièces : une paire de mouchettes en cuivre à cariatides et ornements en relief, et une paire de ciseaux à dragons, XVIe siècle.

477 — Deux pièces en fer : un heurtoir et une paire de mouchettes à dauphins et ornements gravés.

478 — Deux pièces en cuivre provenant d'une attache d'arme, à ornements du XVIe siècle, d'un beau dessin et finement repercés à jour.

479 — Deux clefs de chambellan en bronze ciselé et doré, des règnes des rois Joseph et Louis Napoléon.

480 — Belle clef, forme carrée, surmontée d'un dauphin et à beaux ornements repercés à jour. Travail du XVIe siècle.

481 — Trois belles clefs en acier ciselé à beaux ornements, dont une ayant son fourreau à jour, et une autre à blason, époque Louis XIV.

482 — Quatre clefs en acier de différentes époques.

483 — Quatre petites clefs en acier ciselé.

484 — Quatre clefs en acier ciselé et ornements à jour.

485 — Quatre aimants, dont un grand, ayant son support à colonnes en bois. Pourront être vendus séparément.

486 — Soufflet ancien, orné d'appliques en bronze, fleurs de lis, dauphins, aigles, lions, etc.

487 — Petit cabinet à deux vantaux et tiroirs à l'intérieur, garni de plaques en ivoire gravé. Epoque Louis XIII.

488 — Très-petit cabinet en ébène à deux vantaux et tiroirs à l'intérieur, incrusté de figurines et ornements en ivoire gravé. Époque Louis XIII.

489 — Moulin carré en racine d'orme, à fleurs de lis et filets de cuivre incrustés, le bas et la gorge en fer à ornements découpés à jour. Époque Louis XIII.

490 — Coffret carré à bijoux, en fer, à ornements découpés à jour, ayant sa fermeture du temps. Travail du XVIe siècle.

491 — Coffret carré long à bijoux, couvercle à tombeau en fer, à ornements en relief, médaillons à figures chimériques. Style du XIIe siècle.

492 — Trois petits coffrets en cuir avec leurs serrures du temps, dont deux forme carrée et gaufrés et l'autre à couvercle cintré. Seront vendus séparément.

493 — Trois pièces, dont une boîte forme livre en écaille et deux pièces en bois provenant d'un petit temple de Jérusalem, le tout incrusté d'ornements en nacre de perle.

494 — Petit pupitre en marqueterie, cuivre sur écaille.

495 — Mortier et son pilon en métal de cloche à mascarons en relief et médailles à l'effigie du roi Louis XIV.

496 — Vase à anse en bronze; étalon de la ville de Dijon en 1577.

497 — Boîte ronde à couvercle en cuivre, à beaux sujets en relief, bataille de guerriers romains et marche triomphale dans la manière antique.

498 — Boîte ronde à couvercle à gaudrons, en bois, entièrement recouvert de feuilles d'argent très-minces et gaufrées. Époque Louis XIII.

499 — Deux flambeaux en émail de Saxe, fond blanc et fleurs.

500 — Deux petites pièces en porcelaine de Saxe : statuette équestre, hussard hongrois, et panthère.

501 — Flacon en porcelaine de Saxe, pierrot appuyé contre un arbre.

502 — Flacon en porcelaine de Saxe, épagneul debout sur ses jambes de derrière.

503 — Trois petites figurines en porcelaine de Saxe, dont deux formant flacons.

504 — Deux petits flacons en cristal verre, dont un doré et l'autre à bouchon orné d'un poussah émaillé.

505 — Deux flacons, dont un en porcelaine de Saxe à long goulot et sujets Watteau, monté en vermeil, l'autre un petit oiseau bleu turquoise.

506 — Deux flacons : l'un en porcelaine de Chine monté en or, l'autre en pierre de lard monté en vermeil.

507 — Deux petits flacons à bouchons en or, dans un même étui en galuchat.

508 — Trois flacons contenant de l'essence de rose.

509 — Trois pommes de cannes en porcelaine de Chine et de Saxe.

510 — Deux béquilles de cannes en porcelaine de Saxe.

511 — Trois pommes de cannes, une en porcelaine gros bleu et fleurs et deux en bronze, dont une finement ciselée, les quatre parties du monde, figurines dans des niches formées par des arbres.

512 — Un lot bronze doré; socles, têtes de béliers, chaînettes, etc.

513 — Quatre pièces en bronze, doré en partie : petit encensoir ciselé, style XVIe siècle; petite boîte octogone, émail cloisonné; bourse moderne ornée de mosaïques de Rome et très petite figurine de Chinois.

514 — Deux pièces : une lanterne pliante en cuivre, un aigle en bronze doré.

515 — Vingt cannes en écaille, jonc, ivoire, etc. Seront vendues par lot.

Renou et Maulde, Imprimeurs de la Compagnie des Commissaires-Priseurs, rue de Rivoli, 144.

www.ingramcontent.com/pod-product-compliance
Lightning Source LLC
Chambersburg PA
CBHW050020230526
45470CB00003B/1050